AF360670

RAPPORTS

DE

MM. BOIS & LACAILLE

CHAMBRE SYNDICALE

DES

OUVRIERS JARDINIERS DU DÉPARTEMENT DE LA SEINE

13, rue Aumaire, 13

RAPPORTS

DE

MM. BOIS & LACAILLE

BOURSIERS DU DÉPARTEMENT DE LA SEINE

DÉLÉGUÉS

Par la Chambre syndicale des Ouvriers Jardiniers

DU DÉPARTEMENT DE LA SEINE

ADRESSÉS PENDANT LEUR SÉJOUR EN ALLEMAGNE

1886

PARIS

IMPRIMERIE NOUVELLE (ASSOCIATION OUVRIÈRE)

11, RUE CADET, 11

1887

CONSEIL D'ADMINISTRATION

DE LA

CHAMBRE SYNDICALE DES OUVRIERS JARDINIERS

DU DÉPARTEMENT DE LA SEINE

Président honoraire :

VILLARD (**Th.**), ancien membre du Conseil municipal de Paris et du Conseil général de la Seine, 138, boulevard Malesherbes.

Président :

LORGNET (**Désiré**), 5, rue Beudant.

Vice-président :

AUNEAU (**Jacques**), 16, rue Violet.

Secrétaire :

GUÉRIN (**Henri**), 78, rue du Faubourg-Saint-Martin.

Secrétaire adjoint :

DUPLAN (**Valentin**), 62, rue Boissière.

Trésorier :

GODIN (**Victor**), 17, rue de Nice.

Trésorier adjoint :

BELŒIL (**Etienne**), 127, rue de la Pompe.

RAPPORTS

DE

MM. BOIS & LACAILLE

BOURSIERS DU DÉPARTEMENT DE LA SEINE

Les Cultures à Liége.

Avant d'aborder l'étude des différents modes de cultures employés en Allemagne, nous croyons utile de jeter un coup d'œil sur la ville de Liège (Belgique), où nous nous sommes arrêtés au début de notre voyage ; les habitants y sont très amateurs de plantes : presque toutes les fenêtres en sont ornées. La principale promenade de cette ville est située sur les bords de la Meuse ; nous pouvons la comparer à l'avenue du Bois-de-Boulogne.

Le Jardin botanique, dirigé par M. Morren, directeur du Museum, a pour jardinier M. Maréchal, qui a bien voulu nous donner des explications.

Il présente une étendue de 3 hectares ; on y compte

douze serres et un grand jardin d'hiver ayant à chaque extrémité un pavillon de 17 mètres de hauteur.

Dans les serres, nous avons remarqué une grande collection de Broméliacées, environ trois cents variétés en forts spécimens, un joli aquarium garni de plantes produisant un bel effet, et parmi elles les Pistia Stratiotes, Pontederia crassipes, Myriophyllum proserpinacum, en fort bel état. Nous devons encore citer dans les serres des Cœlogine cristata, orchidées de serre tempérée, des Selaginella apoda en bordures : cette plante se ramifie sans avoir besoin d'être pincée.

Les bâches des serres sont construites de rocailles, garnies de fougères et de Lycopodes, présentant le grand avantage de conserver la chaleur sous les bâches et de donner une certaine humidité à l'atmosphère de la serre.

Dans l'un des pavillons du jardin d'hiver, on remarque un joli Latania borbonica, Livistonia chinensis, ayant 15 mètres de hauteur, et un autre de 12 mètres ; un très beau Cereus peruvianus ramifié, ayant à peu près $13^m,50$ de hauteur, et un Eugenia Glazioviana, dont le pied mère se trouve dans l'établissement Jacob Makoy.

Les chauffages sont très bien conditionnés, un entre autres, construit sur les indications du jardinier-chef et du directeur. Ce chauffage est muni d'un distributeur général garni de dix tuyaux, et chacun de ceux-ci se rend à une serre; chaque tuyau est muni d'une clef pour donner la chaleur voulue et lorsque, par accident, un tuyau vient à crever dans une serre, on ferme la clef qui se trouve rapprochée du distributeur général, et les tuyaux de la serre se vident alors sans arrêter le chauffage.

Une salle de conférences y est jointe pour les leçons théoriques de botanique et d'arboriculture ; les murs sont ornés de tableaux relatifs aux sciences qu'on y enseigne.

Nous avons également visité l'établissement de M. Jacob Makoy, qui est très important ; nous n'entrerons pas dans de longs détails qui nous entraîneraient trop loin. L'établissement est disposé en amont d'un coteau très rapide donnant sur le sud et tout près de la rivière de Meuse. Les serres, au nombre de trente-cinq, et très bien garnies, sont disposées en deux grands carrés ; dix sont réservées pour les orchidées, qu'on y cultive avec les plus grandes facilités en les maintenant de 20° à 25° dans le sphagnum et dans une atmosphère humide.

Les autres serres sont remplies de plantes de toutes espèces, parmi lesquelles une grande quantité d'Aréca et de Kentia de toute beauté, et l'Eugenia Glazioviana. Les chauffages employés appartiennent au système Perret ; ils sont munis de trois ou quatre fours superposés de telle façon que leur usage est tout à fait économique, car ils ne consomment que des résidus que l'on achète dans la ville de Liège à un prix excessivement minime.

Quelques mots sur la ville d'Erfurth.

La ville d'Erfurth se trouve à 980 kilomètres de Paris et à 200 kilomètres de Berlin et compte environ 60,000 habitants ; elle est située sur un plateau, entourée de trois côtés par des coteaux et à l'ouest par la forêt de Thuringe.

Les environs sont assez coquets et garnis de maisons bourgeoises nouvellement construites, et ses plaines, à deux lieues à la ronde, sont destinées à l'horticulture pour la récolte des graines qui en constitue la richesse commerciale avec la fabrication des armes.

La nourriture y est très bon marché ; il faut ajouter, cependant, qu'elle est très mauvaise, comme d'ailleurs dans toute l'Allemagne (pommes de terre et viandes fumées).

Les ouvriers travaillent, dans la saison d'hiver, de six heures du matin à huit heures du soir, avec deux heures pour leurs repas ; le prix moyen des salaires est de 2 fr. 50 par jour. Chaque établissement forme sa Société de secours mutuels sous la direction du chef de l'établissement ; le prix d'entrée est de 50 pfennings (0 fr. 60), puis on retient à chaque sociétaire 15 pfennings par semaine. L'ouvrier malade a droit à une demi-journée de salaire. Les établissements les plus importants de cette ville sont au nombre de quatre ; ce sont ceux de MM. Benary, Haage et Schmid, J.-C. Schmidt et Heinemann. Ils font travailler environ cinq cents ouvriers pendant la saison d'été, deux cents pendant la saison d'hiver, et emploient environ 1,800 hectares de terrain.

L'établissement de M. Benary compte onze serres bien garnies, bien conditionnées, doublement vitrées, chaque vitrage étant espacé de $0^m,02$ environ.

Nous avons remarqué de beaux Tropæolum grandiflorum tricolor, de jolis Begonias rex, de superbes Musa ensete, de 4 mètres de hauteur, de belles collections de cyclamens et d'orchidées, dans trois serres spéciales ; une seule chaudière chauffe toutes les serres.

Tous les 2 mètres, sous les bâches, existe un vase de forme cylindrique ayant $0^m,60$ de hauteur et $0^m,50$ de diamètre, attenant aux tuyaux et rempli aux deux tiers d'eau. Chacun de ces vases est muni d'une vanne servant à donner de la buée dans la serre.

L'établissement de MM. Haage et Schmidt compte trente-trois serres doublement vitrées ; on y remarque une grande collection de cactées, environ cent cinquante variétés, quatre serres d'orchidées, une jolie collection de Caladium à feuilles panachées. Dans les caves, nous avons pu compter environ une cinquantaine de variétés de pommes de terre destinées à la vente.

L'établissement de M. J.-C. Schmidt compte vingt-cinq serres garnies de plantes de toutes espèces, entre autres une serre à palmiers très remarquable, ayant environ 15 mètres de hauteur, 50 mètres de longueur, 25 mètres de largeur, et cinq serres de Camélias, dont les sujets mesurent de 1 mètre à 1^m,50.

L'établissement de MM. F. C. Heinemann renferme douze serres qui sont garnies de semis de toutes espèces à replanter au mois de mai dans les champs, et, de plus, une grande collection de clématites, pour lesquelles l'établissement est justement renommée en Allemagne.

Toutes les serres, à Erfurth, ne sont couvertes que de planches ayant à peu près 4 mètres de longueur sur 0^m,25 de largeur.

L'hiver a été très rigoureux pendant le mois de janvier ; le froid est descendu à 26° et pendant environ trois semaines à 22°, et encore, paraît-il, c'est un hiver modéré ; dans le courant du mois de février, le thermomètre a marqué de 12° à 15°, et pendant le mois de mars de 5° à 10°.

Bois et Lacaille.

Berlin, 1er juillet 1886.

Nous avons jugé utile, mon collègue Lacaille et moi, de nous séparer et d'étudier les méthodes culturales allemandes, chacun de notre côté, dans l'intérêt même des connaissances à acquérir ; je me suis donc rendu, le 1er avril 1886, à Berlin, d'où je vous adresse mon premier rapport. Avant d'entrer en matière, je me permettrai de vous présenter quelques notions succinctes sur la capitale de l'Allemagne.

Berlin est arrosé par la Sprée, qui le traverse dans toute sa longueur : la ville est peuplée d'environ 1,500,000 habitants et située à 1,300 kilomètres de Paris, par 52°,30' lat. et 13°,20' long. (Greenvich), à une altitude de 52 mètres.

La nature du sol est très sablonneuse dans le nord et dans l'est de la ville, au sud et à l'ouest il n'en est plus de même. Où se sont établis presque tous les horticulteurs, la terre est très fertile et contient à peine de sable. Quelques mots sur la température ne seront certainement pas inutiles.

Pendant la première quinzaine d'avril, le thermomètre a marqué de 3° à 7°, il a un peu remonté pendant la seconde quinzaine de mai, il a gelé à quelques degrés les 3, 4, 5 et 6 de ce mois, mais, pendant les derniers jours, la température s'est élevée de 10° à 15° et est restée au même point pendant la première partie du mois de juin, qui s'est achevé avec 15°.

La ville est très aérée, car elle possède des voies larges, plantées de lignes d'arbres comme à Paris, surtout dans les nouveaux quartiers de Berlin, et une grande quantité de jardins publics, dont je vous parlerai prochainement.

La ville est commerçante et la majeure partie des ouvriers travaille en fabrique. L'horticulture est bien représentée et ce n'est pas une des branches les moins importantes du commerce berlinois. La nourriture n'y coûte pas très cher et un ouvrier peut très bien vivre pour 1 mark 25 pfennings par jour (1 fr. 50). Le prix des logements ouvriers varie de 90 à 100 marks (120 à 135 fr.).

Les ouvriers, en général, font dix heures de travail par jour et leur gain est, en moyenne, de 3 marks à 3 marks 50 par jour (4 fr.). Je désire appeler votre attention sur l'organisation et le fonctionnement des Sociétés ouvrières de Berlin et principalement des jardiniers. Il existe dans cette ville une très grande quantité de Sociétés ouvrières sous le nom de Sociétés de secours mutuels.

Chaque corporation forme sa Société, aussi est-il très rare de voir un ouvrier se grouper dans une Société appartenant à une autre corporation; ils comprennent tous qu'il est de leur avantage de se grouper autour de leur bannière; il serait désirable pour nous que nous puissions nous grouper autour de notre bannière syndicale comme les jardiniers de Berlin le font et qu'une aussi bonne entente eut lieu entre nous et les Sociétés patronales.

Je suis membre d'une des Sociétés ouvrières des jardiniers de Berlin depuis le 22 avril dernier, je me suis groupé dans cette Société afin de pouvoir étudier son fonctionnement avec plus de facilité. Il y a certainemént beaucoup à laisser de côté, mais il y a aussi de bons exemples que nous pourrions suivre; ce n'est donc pas seulement chez nous que l'on fait bien comme beaucoup de gens sont aveuglément trop disposés à le croire.

Il y a à Berlin environ deux mille cinq cents ouvriers jardiniers répartis en quatre Sociétés ouvrières qui prennent les noms des quatre points cardinaux.

La Société de l'Est, dont je fais partie, est la moins importante; elle ne compte que quatre-vingt-cinq membres tous bien payants. La mise d'entrée est de 1 fr. 50 et les cotisations sont de 0 fr. 60 payables à la première réunion de chaque mois; en cas de maladie, les membres reçoivent 1 fr. 50 par jour sur certificat de médecin jusqu'à concurrence de quarante jours.

Les Sociétés nomment leur bureau à la première réunion de l'année; il est composé d'un président, d'un vice-président, d'un secrétaire et d'un trésorier, de deux membres chargés de vérifier les comptes renouvelables tous les deux mois, deux délégués renouvelables tous les deux mois et chargés d'assister aux séances des autres Sociétés ouvrières de jardiniers, d'un questeur nommé pour six mois ; un membre élu pour six mois est présent aux séances des Sociétés patronales.

Il existe également, en effet, deux Sociétés patronales des jardiniers qui se font aussi représenter par un membre aux séances des Sociétés ouvrières.

Les réunions ont lieu les jeudis de chaque semaine, de huit heures et demie à minuit. La première fois que j'y suis allé j'ai été surpris de voir, sur quatre-vingt-cinq membres inscrits, soixante-douze membres présents, et de même les autres fois.

Les séances sont très instructives ; on s'y occupe des plantes qui offrent le plus d'avantages pour la culture et de l'importation de l'horticulture en Allemagne, etc.

La Société Sud a décidé, dans sa séance du 19 mars 1885, que tout ouvrier jardinier étranger serait admis à travailler dans les établissements horticoles, à la condition de commencer pendant deux ou trois mois comme volontaire ; les trois autres Sociétés, après avoir décidé de même, ont fait des démarches auprès des Sociétés patronales, qui ont accepté leurs propositions. Mieux vaut agir ainsi que d'employer la force brutale pour empêcher le grand nombre des ouvriers étrangers de venir travailler dans la capitale de l'Allemagne.

Il existe aussi une Société nationale d'horticulture, dont le siège est à Hambourg et sur laquelle il m'est impossible de vous donner plus de détails.

Jardin botanique de Berlin.

Ce jardin, situé Postdam Strasse, est ouvert au public le mardi et le vendredi ; l'étranger en obtient toutefois l'entrée chaque jour, en s'adressant au directeur, qui y a sa demeure.

Ce jardin est très bien conditionné et regardé comme un des premiers du monde; sa superficie est de 110,000 mètres carrés divisés en plusieurs grands carrés, pelouses, etc.

A l'entrée-principale, j'ai remarqué plusieurs massifs très jolis, dont un d'Agave et l'autre de Cactus. Ces massifs, faits tout en rocailles, forment un effet splendide, ainsi que de très belles corbeilles de fougères. Les Dicotylédonées, les Monocotylédonées et les Acotylédonées vasculaires sont séparées. Une plate-bande de 4 mètres de largeur fait tout le tour du jardin, plantée d'une série d'arbres de toutes sortes. Dans un des carrés, j'ai remarqué vingt-trois variétés de très beaux Quercus (chêne) en très forts spécimens, spécialement le Quercus cerris pyramidalis en magnifiques exemplaires, un joli Pterocarya fraxinifolia tout à fait remarquable par son port, un Liriodendron tulipifera, qui atteint 15 mètres de hauteur et chargé d'une quantité de fleurs, etc.

Le jardin contient dix-huit serres, dont plusieurs sont colossales, notamment celle des Palmiers, qui a 53 mètres de longueur sur 22 de largeur et autant de hauteur ; on y peut admirer deux très beaux Seafortia elegants de 19 mètres de hauteur, un Sabal umbraculifera qui a 15 mètres de haut, un Pandanus odoratissimus, un Phœnix spinosa, très ramifiés et occupant une assez grande étendue, des Livistonia qui atteignent 20 mètres de haut, et d'autres plantes qu'il serait trop long d'énumérer ; plusieurs de ces palmiers n'ont pas moins de cent cinquante ans.

Les serres d'Orchidées ne sont pas moins remarquables, elles sont garnies de Vanda, Catfleya, Odontoglossum, Cypripedium, Dendrobium très bien fleuris. A signaler encore trois jolies serres de plantes de la Nouvelle-Hollande, deux de Cactées comprenant plus de mille variétés, et une serre aquarium avec des Victoria de toute beauté.

J'ai visité également une propriété privée, située au sud de Berlin, dans le quartier de Bœrsig, et appartenant à un Français, M. Gaert; j'y ai vu une serre garnie d'une grande collection de Vanda, qui n'atteignent pas moins de 0^m,75 de hauteur et très bien fleuris.

Un vaste jardin d'hiver de 130 mètres de long sur 28 mètres de large et 14 mètres de hauteur, est garni de plantes de toutes espèces, avec un balcon qui est situé à 9 mètres de hauteur dans toute la longueur de la serre, des pelouses de Lycopodes y forment un charmant effet; parmi les plantes, des Livistonia chinensis et une quantité de très beaux Camélias; les murs y sont tapissés de Ficus repens. Dans un autre jardin d'hiver un peu moins vaste, j'ai remarqué deux beaux Araucaria exelsa de 15 mètres de hauteur, garnis jusqu'à la base.

L'Horticulture en général à Berlin,

L'horticulture, à Berlin, est divisée en trois grandes branches qui sont :

L'arboriculture, la floriculture et la culture maraîchère, toutes trois bien représentées.

La première, dont, il y a environ une quinzaine d'années, il n'existait pas d'établissement bien sérieux, en possède aujourd'hui d'assez importants qui nous font concurrence, non pas pour l'exportation de leurs produits en France, mais à l'étranger, surtout en Russie et en Amérique.

Parmi les pépinières, il est utile de citer celles de M. Spæth, à Rixdorf, près de Berlin, qui contiennent 200 hectares de superficie; de MM. Metz et Ce, situées à

Steglitz, à 15 kilomètres de Berlin. Ces deux grands établissements, que je viens de citer, sont organisés tout autrement que chez nous : depuis des années, les chefs de ces établissements ont envoyé des jeunes gens à l'étranger, surtout en France ; lorsque ceux-ci reviennent, ils sont considérés comme chefs de culture.

Parmi les plantes qu'on y cultive en grande quantité, il faut signaler les arbres fruitiers, les Conifères et les Rosiers ; de ces derniers, M. Spæth ne livre pas moins chaque année de cent trente à cent quarante mille tiges et à peu près autant de nains ; il me semble que nos cultivateurs de rosiers doivent s'en apercevoir.

Léon Bois.

Berlin, 1er octobre 1886.

La température de ces trois derniers mois a été exceptionnelle, et je dois vous dire qu'il y a plus de quarante ans qu'il n'a fait aussi chaud et aussi sec à Berlin ; depuis deux mois, il n'a pas tombé une goutte d'eau ; du 1er au 31 juillet, le thermomètre marquait de 27° à 30° Réaumur. Pendant le mois d'avril, le temps n'a pas changé ; en septembre, la température a diminué légèrement et le thermomètre marquait, du 10 au 12 de ce mois encore de 20° à 25°.

L'ARBORICULTURE

Je vais continuer en vous donnant de plus grands détails sur les pépinières.

Ayant visité dernièrement l'établissement de M. Spæth

2

à Rixdorff et celui de M. Metz à Stéglitz, près Berlin, j'y ai remarqué une grande quantité de conifères très bien cultivés, principalement des Epicea, des Pins du Nord, des Laricio, des Cèdres, etc., des Tilleuls : Tilia argentea, intermedia, heterophylla et americana, tous greffés sur le tilleul commun de Hollande en très beaux sujets et parfaitement cultivés. Les marronniers d'Inde et les marronniers rouges, greffés sur le marronnier d'Inde commun, après trois ans de greffe, valent dans le pays de 2 fr. à 2 fr. 50 en moyenne; les variétés de peupliers y sont fort nombreuses. Parmi les plus beaux, les Populus alba, canescens, tremula, fastigiata, nigra, laurifolia, suarveolens, viminalis, canadensis, Candicans, heterophylla, et ces plantes, ayant quatre ans de boutures, valent de 1 franc à 1 fr. 50 en moyenne. Je vous parlerai plus loin des variétés de spirées, de lilas et de buis en traitant des jardins publics.

Les arbres fruitiers sont aussi très bien cultivés. J'ai vu de très grands carrés de pommiers greffés sur doucin et Paradis, et des poiriers, qui sont presque tous greffés sur le cognassier, ayant un an de greffe, ils coûtent 0 fr. 75 à 0 fr. 85 pièce. Ces rosiers sont arrachés avant l'hiver et mis en jauge avec une couverture de paille, car l'hiver est très rigoureux. Une tige de un an de greffe vaut de 1 franc à 1 fr. 25; les nains de même époque 0 fr. 50.

Les carrés dans la pépinière, avant de recevoir les plantes, sont défoncés à $0^m,50$ de profondeur; on emploie comme engrais des fumiers mélangés de chiffons de rognures de cuirs et de corne provenant des fabriques. Une partie de ces engrais se décompose rapidement et l'autre subit une décomposition lente, et par ce moyen on obtient d'excellents résultats.

Les arbres fruitiers, dans les vergers, sont bien cultivés; j'ai vu, entre Berlin et Postdam, des vergers de plusieurs hectares, où les arbres sont plantés à 10 mètres l'un de l'autre en tous sens; entre les arbres, il y a un ou deux rangs de groseillers ou de cordons de pommiers.

Ces arbres sont greffés à environ 2 mètres de hauteur, en fente simple et sont conduits avec un soin tout particulier, car ils contiennent autant de branches charpentières les uns que les autres. Ainsi, d'après ce que j'ai remarqué, la greffe est taillée à deux yeux pendant l'été: ces deux bourgeons sont palissés sur un demi-cercle; l'hiver d'après, ces deux bourgeons sont taillés également à deux yeux, et, l'été d'après, ils sont palissés sur un cerceau, de manière à former un peu le vase. On les taille ainsi jusqu'à ce qu'on ait obtenu dix-huit branches; quand l'intérieur commence à être très épais, on le dégarnit de manière que la lumière arrive au fruit abondamment et sans difficulté.

Il m'est impossible de vous donner des notions sur la culture maraîchère, car elle n'est pas très développée et même à peu près inconnue.

On se plaint beaucoup de la concurrence française et italienne sur les marchés de Berlin, principalement pour les primeurs. La plupart des légumes ne sont pas cultivés sous châssis, mais en plein champ.

LA FLORICULTURE

La floriculture est beaucoup plus développée, elle est l'objet d'un très grand commerce avec l'étranger; je vous dirai très rapidement ce qui m'a paru le plus digne d'intérêt et de remarque.

Les Cyclamen persicum splendens, plantes très vigoureuses, sont cultivés en partie pour leur feuillage; les Cyclamen persicum, race anglaise, moins vigoureux que les précédents, le sont pour la précocité et l'abondance de leurs fleurs. On fait les semis dans la première quinzaine d'août dans une terre formée d'un tiers de terreau de feuilles, de sable et de tourbe qui empêche les insectes de venir dévorer les graines. Lorsque les petites plantes ont poussé et produit deux feuilles, on opère le repiquage dans des pots de $0^m,05$. Pendant l'hiver, on les range dans une serre pas trop humide et, au mois de mars, quand les froids ne sont plus à craindre, on opère les rempotes dans une terre contenant parties égales de terreau de fumier, de terreau de feuilles, de terre de bruyère et d'une autre sorte de terre formée de sphagnum, de racines et de feuilles en dé_composition. De petits morceaux de tourbe servent pour le drainage, puis on les place sur couche chaude de 20° à 25°, où elles restent pendant tout l'été, en ayant soin de les changer trois ou quatre fois et d'ombrer fortement quand le temps le permet.

Au mois de septembre, ces plantes, munies d'une trentaine de belles feuilles et d'une quarantaine de fleurs, sont vendues au marché de 3 francs à 3 fr. 75 le pot, ce qui constitue un joli bénéfice.

La culture de ces plantes est très répandue en Allemagne. On cultive aussi pour la fleur coupée, la Tubéreuse d'Amérique, à fleurs comparables par leur parfum à celles de l'oranger. Le pédoncule floral supporte de vingt à vingt-cinq fleurs, qui s'épanouissent pendant les mois de septembre et d'octobre; il ne faut pas la confondre avec la Tubéreuse d'Afrique, qui est moins avantageuse pour la culture; on la rempote au mois d'avril dans une terre contenant moitié de terreau de fumier, moitié de terre franche, dans des pots de $0^m,08$; il faut avoir soin de bien nettoyer les tubercules et d'en mettre un par pot; on place les derniers sur couche chaude de 15° à 20°, et on les laisse sous châssis jusqu'à ce qu'on aperçoive le pédoncule floral, puis on les dispose en planches, en ayant soin d'enterrer les pots. Les fleurs coupées de cette plante valent, sur les marchés, de 0 fr. 35 à 0 fr. 40 la douzaine et de 0 fr. 90 à 0 fr. 95 la plante entière.

Lorsque les plantes ont fini de donner leurs fleurs, on les laisse sécher et on range les tubercules pendant l'hiver dans un lieu sec et aéré.

Le Scirpus natalensis, plante à feuilles lancéolées d'un beau vert luisant, est cultivé pour son feuillage ; on sème les graines au mois de janvier en serre à multiplication dans la terre de bruyère, où, un mois après, on repique dans des pots de $0^m,07$, puis on transporte les jeunes plantes dans des bâches sur couches.

Dans les premiers jours de juin, on les met dehors dans un endroit mi-ombré et on enterre les pots ; c'est vers la fin de juillet qu'on commence à les vendre, à raison de 0 fr. 30 à 0 fr. 35 le pot ; ces plantes sont très belles pour les garnitures.

Le Solanum pseudo-capsicum est également l'objet d'une grande culture pour ses fruits, qui sont d'un beau rouge vif, de la grosseur d'une cerise ; chaque pied produit en moyenne de quarante à quarante-cinq fruits, on le multiplie par semis en février, dans une serre chauffée à 20° à 25° ; quand les semis ont donné deux ou trois feuilles, on les repique, et, vers la fin du mois de mars, on les place sur couche ; on les met en plein air au mois de mai, et on les remonte fréquemment, car ils sont d'une grande vigueur. C'est vers la fin du mois de septembre que ces plantes sont bonnes à vendre, au prix de 0 fr. 45 à 0 fr. 50 ; c'est un joli bénéfice, car la culture en est peu coûteuse. On cultive aussi avec succès les Ficus elastica, car j'ai vu des boutures âgées de huit mois ayant de $1^m,20$ à $1^m,30$ de hauteur. C'est vers le mois de mars qu'on les fait, on les repique dans des petits pots de $0^m,07$, en ayant soin de bien enrouler les feuilles et on les place dans une bâche à 20° ou 25° de chaleur. Quelque temps après la reprise, on rempote dans un mélange composé de terre franche, de terre de bruyère, de terreau, de feuilles, de poussière de tourbe et de rognures de cornes, puis, vers les premiers jours de juin, on les dispose sur couche en plein air et en plein soleil, sans ombrer. Une plante de 1^m,20 vaut sur les marchés de 2 fr. à 2 fr. 50.

Le Selaginella Kraussii vert, plus rustique que le Selaginella apoda, qui est également cultivé, se fait de boutures d'avril en juin dans des pots de 0^m,07 à 0^m,08, à raison de cinq boutures par pot ; on les place sur une couche très tempérée, avec ombrage continuel pendant l'été et des seringuages répélés deux ou trois fois par jour. Ces plantes développent une quantité de racines adventives et, vers le mois de septembre, on les vend sur les marchés de 0 fr. 40 à 0 fr. 45 le pot. Les Bouvardia Humboldtii corymbiflora sont aussi très bien cultivés et sont très recherchés pour la beauté de leurs fleurs blanches, d'un parfum agréable. On les multiplie de boutures à la fin de janvier et en février dans une serre de 15° à 20° de chaleur, en terre de bruyère pure. Après la reprise des boutures, on les rempote dans des pots de 0^m,07 à 0^m,08, avec de la terre de bruyère et du terreau de feuilles, et on les place sur une couche chaude de 15° à 20°, où elles doivent rester sous châssis pendant une partie de l'été ; on les pince deux fois dans le courant de l'année. Les fleurs paraissent en quantité à la fin de juillet, et on les vend à ce moment de 0 fr. 50 à 0 fr. 60 pièce. C'est par centaines de mille que se font les Fuchsias, principalement deux belles variétés qui sont, je crois, peu cultivées chez nous, Emma Topfer, à feuilles grandes très dentelées, à fleurs d'un rose blanchâtre très grosses et très doubles Schneivitken, à feuilles petites, à fleurs nombreuses d'un beau blanc pur très pleines. On multiplie ces plantes, de boutures dans le courant des mois de février et de mars ; après la reprise, on les rempote et on les place sur couche, où elles restent pendant deux mois ; on pince très souvent, afin de former des têtes. En cet état, les Fuchsias se vendent, en août et septembre, de 0 fr. 75 à 0 fr. 80 pièce. Parmi les Ervica, qui se cultivent par millions, j'ai remarqué les variétés suivantes : hyemalis, blanda, gracilis, compacta, persoluta, alba, floribunda, qu'on multiplie de boutures ; vers la fin de juillet et août, on les pique dans des boîtes ou des terrines remplies d'un tiers de sable, un tiers de terre de bruyère et un tiers de tourbe. Il ne faut pas que la terre contienne de matières salines, car ces boutures si tendres et si délicates seraient bientôt décomposées. On les place sous châssis à froid et on ombre quand le temps le permet. Lorsqu'elles sont enracinées, on les repique dans une autre terrine, où elles passent l'hiver ; ce n'est qu'au printemps suivant qu'on les rempote ; les Bruyères bien fleuries valent en moyenne de 1 fr. 30 à 1 fr. 50 pièce.

Les primevères de Chine, Primula sinensis flore albo pleno sont cultivées en Allemagne en très grande quantité pour la fleur coupée pendant l'hiver ; on les multiplie de boutures, vers la fin de février et de mars, dans des petits pots de $0^m.07$, dans du sable et du terreau de feuilles en serre à multiplication.

Pendant l'été, les boutures restent sous châssis, très ombrées quand le temps le permet ; les fleurs paraissent à la fin d'octobre.

Les jeunes boutures de primevères de deux mois valent en Allemagne de 20 à 25 fr. le cent.

Le réséda est également l'objet d'un grand commerce à l'automne, principalement deux variétés qui se prêtent très bien à ce mode de culture : le floribunda et le réséda Machet. Dans le mois de juin, on sème le réséda en pleine terre ; au mois d'août, on le repique dans des pots de $0^m.09$, à cinq boutures par pot, et on pince en moyenne deux fois ; en octobre, les plants chargés de fleurs nombreuses valent sur les marchés de 0 fr. 25 à 0 fr. 30 pièce.

Les Begonia rex sont aussi très bien cultivés ; on les multiplie de boutures de feuilles vers le mois de février dans une bâche, en serre sans air, dans du sable mélangé de sphagnum ; chaque feuille donne de soixante-dix à quatre-vingts boutures. On coupe les nervures, on a soin de ne pas détacher de feuilles découpées, on appuie sur la terre qui doit rester constamment humide ; quand les boutures sont reprises, on les met dans de petits godets, on les place sous châssis à froid pendant l'été et, par ce moyen, on obtient de très bons résultats. Un beau Bégonia vaut, à Berlin, de 0 fr. 75 à 0 fr. 80.

Le Jardin botanique.

Je puis maintenant vous parler de nouveau du Jardin botanique, dont j'ai visité les serres dernièrement. J'ai remarqué dans les serres à Orchidées une grande quantité de Cattleya et d'Odontoglossum très bien fleuris, de Cypripedium ; dans la serre aux Gardenias, des plantes très fortes de trois ans pleines de fleurs ; dans la serre aquarium, un pied de Victoria regia, muni de neuf feuilles dont chacune a environ 2 mètres de largeur, mais la fleur n'était heureusement pas encore ouverte. Parmi les autres cultures, j'ai vu avec plaisir une centaine de variétés de Potirons de fructifiés, palissés en tonnelles, ainsi qu'un carré spécial aux plantes d'introduction nouvelle. Je dois aussi vous parler de ses pelouses qui m'ont paru parfaitement entretenues, car elles sont toujours restées bien vertes pendant la grande sécheresse qui a duré deux mois. Les mauvaises herbes sont arrachées avec soin, de façon à ce qu'il ne reste que le Ray-Gras.

Les Marchés.

Il m'est impossible de vous donner le prix des plantes sur les marchés aux fleurs, car ils sont très variables; les plantes n'y coûtent pas plus cher qu'à Paris, quoique le climat soit plus froid.

Il existe à Berlin quatre marchés couverts en halle. Le principal, Central Mark Hall ou Halle centrale, est nouvellement construit et très bien conditionné. Il communique avec le chemin de fer métropolitain, qui transporte une partie des marchandises qui y arrivent; il est éclairé par la lumière électrique, muni d'un étage et de caves pour les denrées non vendues. Une très grande place vitrée est réservée pour la vente des fleurs que les horticulteurs y apportent chaque jour, et l'organisation m'a paru mieux entendue qu'à Paris. Les places pour la vente sont accordées aux horticulteurs qui les demandent, moyennant payement, et cela rapidement ; tandis qu'à Paris, il faut attendre qu'il y ait une place libre quelquefois six mois, un an ou deux, ce qui n'est pas une manière d'encourager l'horticulture.

La Ville de Berlin ne fait pas non plus une concurrence aux horticulteurs, comme le fait la Ville de Paris; la décoration dans les ministères, théâtres, etc., est faite par les horticulteurs, qui ont chacun leur partie.

L'Agriculture.

L'agriculture, en Allemagne, est très développée ; mais ne l'est pas au point de vue du mécanisme agricole, qui n'est pas supérieur au nôtre, mais bien grâce aux engrais, qui y sont très étudiés, et aux bonnes variétés des semences employées. La plupart des agriculteurs, au lieu de récolter leurs graines eux-mêmes, les achètent chez les horticulteurs qui en font spécialement le commerce. Je dois, à ce sujet, vous citer un établissement très important, celui de M. Dippé de Qutlinburg, à 70 kilomètres de Berlin; on y occupe environ de huit cent cinquante à neuf cents ouvriers pendant l'été, et il y a des succursales dans les autres parties du monde.

Le gouvernement allemand a établi dernièrement des champs d'essais dans chaque province et toutes les variétés de froment les plus productives y sont cultivées. J'ai remarqué, dans un établissement, à Steglitz, près Berlin, de belles variétés de blés, le Drop blanc de Hunter, etc., et il serait bien désirable que nous fissions de même; grâce à cela, il arrive qu'un hectare de terre moins féconde que la nôtre produit davantage.

LÉON BOIS.

Berlin, 26 décembre 1886.

Culture du muguet.

Je diviserai cette culture en deux parties distinctes :

1° La culture de pleine terre pour l'élevage des plants;
2° La culture forcée en serre et châssis.

Le muguet étant une plante à tige souterraine, c'est par ses bourgeons souterrains qu'il se reproduit.

Vers le mois d'octobre, on arrache ces plantes pour les diviser, en séparant les plants de première, de deuxième et de troisième année, époque où fleurit seulement le muguet.

Lorsque la division des plantes est finie, on commence la plantation de pleine terre; on fait des rayons de $0^m,12$ de profondeur et $0^m,10$ d'intervalle l'un de l'autre, on donne quelques binages pendant l'été et les arrosages artificiels sont inutiles. Les terres les plus propres à cette culture sont les terres légères et sableuses; dans les terres argileuses imperméables à l'eau et à l'air, les bourgeons souterrains deviennent très petits et sont impropres à la culture forcée. Le moyen de reconnaître le muguet d'un an, de deux et de trois ans l'un de l'autre est très facile. Dans celui de trois ans, c'est-à-dire celui qui est propre à la culture forcée, le bourgeon est de couleur rose, un peu arrondi et on peut facilement remarquer la trace des trois rosettes de feuilles qu'il a produites; celui de deux ans est moitié rose, moitié blanc, il n'est pas encore arrondi; celui d'un an est encore très blanc et petit.

Rempotage et choix des terres pour la culture forcée. — C'est vers la fin du mois d'octobre que l'on commence le rempotage des muguets dans des pots de 8 et 9, à raison de quatorze plantes par pot; on a également imaginé de remplir les muguets dans des pots en forme de pyramides, munis sur tout leur pourtour de quatre à cinq rangs de trous et plus large à la base qu'en haut; j'ai compté jusqu'à cinquante plants de muguets par pyramide. Les terres les plus favorables pour la culture forcée sont composées de deux tiers de terre franche et un tiers de terreau.

Lorsque les plantes sont rempotées, on les transporte sous châssis à froid en les prenant chaque fois qu'on en a besoin.

Culture forcée sous châssis. — La culture forcée sous châssis est préférable à la culture forcée en serre pour le prompt développement des fleurs. Lorsqu'on commence à les apercevoir, on transporte les pieds dans la serre; en restant sous châssis, elles pourraient noircir;

la couche doit être faite à seule fin de pouvoir donner de
de 25° à 30° de chaleur. Quand elle est terminée, on la
recouvre de 0^m,03 de terreau et ensuite de planches,
afin que les racines ne brûlent pas. Lorsqu'on place les
pots, on doit bourrer les vides avec de la mousse pour
retenir la chaleur et les recouvrir également sur une
épaisseur de 0^m,07 à 0^m,08. La couche ne doit pas avoir
plus de 30° de chaleur et les plantes doivent être tenues
très humides ; on doit aussi remuer la mousse de temps
en temps pour empêcher qu'elle ne s'échauffe. A Berlin, les couches à muguets sont toujours recouvertes
avec des paillassons et des planches, afin de conserver
la chaleur ; mais, au moment où la fleur paraît, on doit
leur donner de la lumière.

*Culture forcée en serre et construction des serres à
forcer.* — Les serres à forcer le muguet sont toutes
adossées dans l'établissement Schultz à Berlin, le premier de l'Allemagne pour le forçage du muguet. Les
serres sont en bois peu luxueuses, mais très bonnes ;
elles sont munies de deux tablettes avec un sentier. Au
milieu, un gradin se trouvant au-dessus de la tablette
du côté du mur ; les plantes en fleur sont placées
sur le gradin et sur la tablette de devant ; l'autre
tablette qui se trouve au-dessus du gradin, ne rece-
vant que très peu de lumière, est réservée pour
commencer le développement des plantes et remplace
économiquement les châssis. Au-dessus de cette tablette se trouvent quatre rangées de tuyaux, de manière
qu'elle puisse recevoir de 25° à 30° de chaleur. Les pots
de muguet doivent être recouverts avec de la mousse
comme dans les châssis.

Les serres sont divisées en six compartiments ayant
chacun 3° de plus l'un que l'autre, jusqu'à concurrence
de 28° à 30°. On y force plus de trois millions de plantes
chaque hiver.

Culture des tulipes et jacinthes en pleine terre.

C'est vers le commencement d'octobre qu'on plante les tulipes et les jacinthes en planches de 1ᵐ.50 de largeur, en rangs espacés l'un de l'autre d'environ 0ᵐ,10. Les oignons sont enterrés à 0ᵐ,07 ou 0ᵐ,08 et recouverts de 0ᵐ,08 de fumier pendant l'hiver pour les garantir de la gelée ; une terre très perméable et légère est aussi préférable. Lorsque l'hiver est passé, il faut avoir soin d'enlever le fumier ; c'est vers le mois de juillet suivant que les oignons commencent à être mûrs et qu'on en opère l'arrachage. On les transporte ensuite dans un séchoir sur des tablettes bien aérées, de manière qu'ils puissent bien sécher ; après quoi on les choisit, c'est-à-dire qu'on sépare les petits d'avec les gros.

Culture forcée et préparation de la terre. — On rempote les jacinthes vers les premiers jours d'août dans des pots de 0ᵐ,08 à 0ᵐ,10, à quatre oignons par pot ; on les met en planche l'un contre l'autre, on les recouvre de 0ᵐ,10 de terre. Au bout de deux mois et demi de rempotage, on peut commencer à les forcer quand ils ont acquis assez de racines. La préparation de la couche est la même que pour le muguet, la couverture de mousse est inutile ; aussitôt que les fleurs apparaissent, on transporte en serres.

La culture des tulipes est la même que celle des jacinthes dans des pots de 0ᵐ,07 à 0ᵐ,08, à cinq plantes par .pot ; ces plantes doivent être rempotées deux mois et demi avant que d'être forcées. La terre qui convient le mieux à ces plantes pour la culture forcée est formée de moitié terreau de couche et moitié terre franche.

Culture des jacinthes dans l'eau. — Les jacinthes doi-

vent être mises en végétation, un mois avant d'être placées dans les vases, dans du sable, sous une tablette en
serre chaude de 10° à 12°, pour permettre aux racines de
se former; quand ces racines atteignent environ $0^m,05$
ou $0^m,06$ de longueur, on met les oignons dans les vases,
après avoir ajouté à l'eau qu'ils contiennent un peu de
sel. On les vend en cet état environ 1 franc pièce.

Culture forcée du Lilas à Berlin.

Il me semblait, au premier abord, que cette culture
était plus étendue, d'après les soins qu'on donne à ces
plantes pendant l'été, dans le but de les préparer à la
culture d'hiver. On rempote au printemps, dans des pots
de $0^m,14$, de jeunes lilas de deux à trois ans de greffe.
Pendant la belle saison, ces plantes sont rangées dans
les carrés, où les pots sont enterrés à moitié. Vers la fin
de juillet et août, on les maintient au sec pour activer la
formation des boutons ; quand les temps sont pluvieux,
ces plantes sont couchées à terre, de manière à ce que
la pluie ne pénètre pas dans le vase. Lorsque le moment
est venu, on les transporte dans la serre à forcer tout
contre les tuyaux, ce qui fait que la plupart des fleurs
sont grêles et à moitié brûlées. Mon patron m'a supplié
de lui montrer ce mode de culture essentiellement parisienne, mais par patriotisme, je n'ai pas cru devoir le
faire, et je me suis rejeté sur mon ignorance.

La plupart des horticulteurs renoncent à cette culture,
ainsi qu'à celle des roses forcées. Depuis le mois d'octobre dernier, M. Lamouche, de Paris, a eu l'heureuse
idée d'établir un comptoir pour les marchés aux fleurs
de Berlin. Il vend près de 1,000 francs de fleurs par jour
provenant des cultures françaises, telles que des roses
du Midi, des lilas et des violettes de Paris.

Culture des Camélias et des Azalées.

Les camélias se propagent de boutures au mois d'août; ces boutures sont coupées à la longueur de trois feuilles ni trop tendres ni trop lignifiées et repiquées dans de petites boîtes, sous des châssis à froid, dans un mélange contenant un tiers de sable et deux tiers de terre de bruyère et de tourbe, en ayant bien soin de les ombrer sans donner d'air. Pendant l'hiver, on les transporte dans une serre chaude de 7° à 8°. Au printemps suivant, on les rempote en petits godets; c'est au mois d'août suivant qu'on greffe sur ces boutures le Chandleri élégant, l'Alba plena, deux variétés qui sont très en vogue à Berlin, l'une à fleur rose et l'autre à fleur blanche. La greffe se fait par incision, en incisant le sujet à $0^m,03$ ou $0^m,04$ au dessus du sol. Le greffion doit être choisi sur un rameau très sain et très vigoureux, taillé en biseau. appliqué dans l'incision et ligaturé avec de la laine. Ces greffes doivent être transportées dans une serre de 12° à 15° de chaleur. J'ai remarqué de jeunes camélias de greffe munis d'une trentaine de boutons. Ces plantes en fleurs, pendant l'été, valent 5 à 6 marks sur les marchés aux fleurs (6 fr. 25 à 7 fr. 50).

A Berlin, on cultive les azalées par centaines de mille qui sont expédiées principalement en Angleterre, en Russie et en Autriche. La culture de ces plantes, sauf qu'on ne les greffe pas, se fait comme celle des camélias.

Marché aux fleurs de Berlin

Le principal est situé Linden Strasse et Friedrich Strasse ; les autres ne sont pas assez importants pour que je les mentionne. Ce marché est connu sous le nom de Mark Halle n° 2 ; car je vous ai déjà parlé du n° 1, situé à Alexander Platz.

Lorsque ce marché aux denrées a été construit, les Sociétés patronales des horticulteurs de Berlin ont fait une demande au Conseil municipal de cette ville pour avoir un marché aux fleurs ouvert attenant à celui des denrées, facilitant ainsi l'achat des fleurs aux gens qui viennent faire leurs provisions. Autrefois le marché aux fleurs se trouvait situé en plein air, de sorte qu'on ne pouvait y transporter les plantes et les fleurs coupées pendant l'hiver, époque la plus favorable pour ce genre de commerce. Presque tous les horticulteurs de Berlin ont une place qu'ils louent 0 fr. 30 par jour et par mètre carré. Le marché est ouvert tous les jours, de sept heures du matin à huit heures du soir, et le dimanche jusqu'à midi. Il est éclairé à la lumière électrique, ce qui produit un joli effet sur les plantes. Espérons qu'il en sera bientôt de même à Paris ; l'horticulture parisienne ne pourra qu'en tirer le plus grand profit.

APERÇU DU PRIX DES PLANTES VENDUES SUR LE MARCHÉ

Prix des plantes par douzaines.

Cyclamens, de 30 fr. à 35 fr.
Lycopodes, de 5 fr. à 9 fr.

Bouvardia, de 6 fr. à 9 fr.

Muguet en pot, de 30 fr. à 35 fr.

— en pyramides (pièce), de 13 fr. à 15 fr.

Ficus elastica (pièce), 1 fr. 50 à 2 fr. 50.

Scirpus natalensis, de 3 fr. à 5 fr.

Réséda (Machet), de 5 fr. à 6 fr.

Erica compacta, de 5 fr. à 7 fr.

— hyemalis, de 7 fr. à 10 fr.

— blanda, de 6 fr. à 9 fr.

Dracœna terminalis (pièce), de 2 fr. à 4 fr.

Fuchsias, de 8 fr. à 10 fr.

Azalea (pièce), de 3 fr. à 5 fr.

Camelia alba plena, de 5 fr. à 9 fr.

— grandi flora (pièce), de 4 fr. à 7 fr.

— Campbel (pièce), de 3 fr. à 5 fr.

Primevère de Chine flora albe pleno compacta, de 25 fr. à 30 fr.

FLEURS VENDUES EN BOTTES

A la douzaine ou à la pièce.

Muguet (bottes), de 4 fr. à 5 fr.

Lilas   —   de 7 fr. à 10 fr.

Tulipes   —   de 2 fr. à 3 fr.

Jacinthes   —   de 5 fr. à 6 fr.

Cyclamen   —   de 2 fr. à 4 fr.

Camelia   —   de 5 fr. à 6 fr.

Azalea   —   de 0 fr. 30 à 0 fr. 40.

Cattleya purpurata (pièce), 1 fr. à 1 fr. 25.

Cypripédium venustum, 1 fr. à 1 fr. 20.

Dendrobium (pièce), 1 fr.

Odontoglossum (pièce), 1 fr. 50.

Tubereuse américaine, la douzaine, 0 fr. 75 à 0 fr. 90.

Gardenia, de 3 fr. à 4 fr.

Jardins publics de la ville de Berlin.

Le Thier Garten occupe.......	300	hectares;
Friedrich Hain............. .	52	—
Humboldt Hain	35	—
Hasen Haide................	22	—
Invaliden Platz............	6	...
Treplor Parck..............	64	—
Thierargueeschul Garten......	5	—
Bellevue Parck.............	29	—

Et d'autres moins importants.

Le Thier Garten, ou Jardin zoologique, que je comparerai au Bois de Boulogne de Paris, mais en plus petit, forme un parc charmant, le lieu de plaisir le plus fréquenté des Berlinois et un des principaux ornements de leur ville. Depuis une quarantaine d'années déjà des changements et des embellissements journaliers en ont fait une des plus belles promenades du monde.

Le Thier Garten commence hors des portes de Brandebourg et de Postdam, c'est-à-dire à une des plus belles places de Berlin, qui est la place de Paris, et s'étend jusqu'à Charlottenbourg, ayant pour limite, à droite, la Sprée, et, à gauche, la grande route de Postdam ; sa longueur est d'environ 2 kilomètres et sa largeur 1 kilomètre 1/2. Autrefois il était entouré d'un mur et renfermait une quantité de gibier, d'où lui vient son nom.

Il renferme aussi le jardin zoologique, qui a été construit depuis quelques années et qui renferme des collections d'oiseaux et d'animaux des plus rares. Ce magnifique jardin a été retracé dans ces derniers temps

avec un goût exquis : une multitude d'allées le sillon-
nent en tous sens, éclairées au gaz, aboutissant à des
places superbes ; ses pelouses, de forme anglaise comme
les autres jardins de Berlin, ne sont pas abandonnées
au public, elles sont très bien entretenues et gardent
leur aspect toujours vert, malgré les grandes séche-
resses ; et, lorsqu'elles ont atteint l'âge de cinq à six
ans, on les renouvelle. Un nombreux personnel est
occupé pendant l'été à arracher les mauvaises herbes.

Les arbres qui croissent dans ce jardin sont principalement des chênes, des bouleaux et des charmes ; une
grande collection d'arbustes, dont la taille est bien con-
duite et soigneusement étudiée, y est plantée pour la
garniture. Dans toute la longueur des allées ou des
avenues du Thier Garten, pour protéger les gazons et
les arbustes, il existe de petites bordures de charmille
ou de Cydonia japonica. Ces derniers sont, au printemps, couverts d'une multitude de fleurs rouges s'épa-
nouissant en même temps que les feuilles.

Kœnig Platz est un petit jardin des plus beaux de
Berlin quant à la formation, l'entretien de ses pelouses
et de ses allées. Les arbustes qui ornent cette place sont
des Cratœgus oxyacantha taillés en boule qui se cou-
vrent de fleurs roses doubles ; d'un arbuste à l'autre, il y
a des guirlandes de vigne vierge. Quatre grandes fon-
taines d'où jaillissent des eaux abondantes sont garnies
d'Iris, d'Arum, de Cyperus natalensis. Les allées sont
pavées en mosaïque qui produit un charmant effet.

Humbold-Hain est le fleuriste de la ville de Berlin, c'est-
à-dire le lieu de multiplication des plantes. Ce jardin,
de la contenance de 35 hectares, est muni d'une
quinzaine de serres et d'une quantité de châssis. On
n'y cultive que des plantes pour la décoration des
squares ; l'autre partie du jardin est divisée par une
quantité de petites pelouses plantées en arbustes variés
et étiquetés. Ce jardin est surnommé le Jardin botanique de Berlin, tandis que le vrai Jardin botanique, que

j'ai déjà mentionné dans un précédent rapport. situé à Postdam Strasse, est le jardin de l'Etat.

Le Friedrich Hain, de la contenance de 52 hectares, est situé dans le quartier est de Berlin. Ce jardin est très accidenté, à peu près comme les Buttes-Chaumont à Paris; par sa situation, les plantations y sont dans un plus mauvais état qu'ailleurs.

Administration des jardins publics de Berlin. — Les jardins publics de la ville de Berlin sont dirigés par M. Hampel, le jardinier en chef, qui touche annuellement 5,000 marks et réside à Humbold Hain, c'est-à-dire à la multiplication. Dans chaque jardin, existe un chef jardinier, sous la direction de M. Hampel.

On compte environ deux cent vingt ouvriers jardiniers travaillant dans les squares ou jardins publics. Leur journée est de neuf heures de travail en été, de six heures du matin à six heures du soir avec deux heures de repos ; en hiver, ils travaillent du jour au jour; leur gain est d'environ 3 marks par jour ou 3 fr. 75. Les parcs et jardins sont surveillés par la police et par des gardes forestiers nommés par le Conseil municipal.

L'Horticulture à Postdam.

La ville de Postdam est située à environ 28 kilomètres de Berlin, dans le Sud-Ouest ; elle compte environ 60.000 habitants et est arrosée par le Havel. On l'a surnommée dans l'Allemagne du Nord le Versailles de l'Allemagne. Pendant l'été, c'est le lieu de promenade des Berlinois, qui y vont voir jouer les grandes eaux les premiers dimanches de chaque mois. Cette ville renferme trois châteaux royaux, avec d'immenses parcs comme dépendances; ce sont : le château de Charlottenhof, le Neue Palais, et le château de Sans-Souci.

Ces trois châteaux ont été construits sous Frédéric le Grand ; le dernier de ces châteaux porte un nom français. Lorsque Frédéric revint de la guerre de Silésie, il disait à Voltaire qu'il voulait vivre dans ce château *sans souci*, et le nom lui est resté.

J'ai remarqué dans son parc une magnifique orangerie de 400 mètres de longueur sur 35 mètres de largeur ; elle ne renferme pas moins de trois cent trente orangers en forts spécimens, qui ont en moyenne 3^m,50 de hauteur. Trois grandes terrasses sont situées sur la façade du château, destinées à recevoir les orangers pendant l'été et garnies également de corbeilles de fleurs représentant toutes sortes d'écussons prussiens. Ces terrasses sont, en outre, plantées de Quercus pyramidalis d'environ 17 mètres de hauteur, conduits avec un goût tout particulier ; j'y ai encore remarqué quatre tonnelles en charmille qui ont à peu près 255 mètres de longueur sur environ 5 mètres de hauteur et 3 mètres de largeur.

Le parc de Charlottenhof, qui se trouve situé à côté de celui de Sans-Souci, est remarquable par la bonne distribution et la bonne tenue de ses pelouses. Le jardin des roses n'en renferme pas moins de seize cents variétés ; certaines pelouses, qui sont trop ombragées par les arbres et où le gazon croît difficilement, sont plantées en muguet ; ce qui forme un effet splendide au moment de la floraison.

Le parc du Neue Palais est très intéressant; mais je n'ai pas eu le plaisir de le visiter, car il est absolument privé.

Postdam possède une grande école d'horticulture qui est située dans le bas du parc de Sans-Souci. Pour être admis à cette école, il suffit de faire une demande six mois d'avance et de payer 250 francs pour quinze mois. Elle possède un grand et magnifique jardin qui renferme beaucoup de variétés de plantes herbacées et ligneuses ; j'ai visité la culture sous châssis et l'arboriculture, et j'ai remarqué (dans la partie ouverte au public) de très beaux pommiers et poiriers en vases, en pyramides, et de très beaux pêchers en espaliers.

Questions sociales.

Berlin est une ville ne possédant pas de douane et les denrées y entrent librement sans payer aucun droit; mais cette ressource est retrouvée en frappant d'un impôt très lourd les membres de la classe ouvrière, à qui on retient 1 franc tous les trois mois depuis l'âge de quatorze ans, qu'ils soient de nationalité allemande ou étrangère, et lorsque le salaire double l'impôt double en même temps. Les hommes doivent encore, à partir de vingt-cinq ans, et s'ils veulent être électeurs au Reichstag, payer une petite redevance à l'Etat.

Le salaire des ouvriers à Berlin est de 2 fr. 50 à 3 francs par jour; la journée de travail est de onze heures, de six heures du matin à sept heures du soir. Leur nourriture est à très bon marché, elle consiste en pommes de terre et viandes fumées (Parmentier a vraiment rendu un très grand service à nos voisins les Teutons). L'instruction de ce pays est très avancée; car, dans toutes les écoles communales, les enfants apprennent deux ou trois langues, ce qui leur donne une grande facilité pour venir étudier, souvent même de trop près, les industries étrangères.

Moyens et Facilités de transport.

Les moyens de transport dans cette ville sont très étudiés et la facilité en est très agréable, soit par la grande quantité de ses voies ferrées pour la circulation

des tramways marchant par la vapeur, par l'électricité
ou à traction de chevaux. Ces moyens de circulation ne
suffisant plus, on en est arrivé à construire un chemin
de fer métropolitain, qui a été achevé en 1880 et qui a
coûté 36 millions de marks, partant de la gare de Silésie
est de Berlin). allant jusqu'à Charlottenburg (ouest),
passant dans tout le centre de la ville et desservant plusieurs grandes gares.

Ce chemin de fer est entièrement aérien, possède trois
voies à côté l'une de l'autre dans toute sa longueur, dont
deux réservées pour le service de ville et une pour les
grandes lignes. Les trains circulent de six heures du
matin à minuit, en se suivant de sept en sept minutes ;
le prix moyen est de 0 fr. 50 pour toute la longueur qui
est de 15 kilomètres ; il est éclairé par la lumière électrique dans tout son parcours et appartient à l'Etat.
Berlin possède également un chemin de fer de ceinture
qui dessert la banlieue en reliant le Métropolitain et
toutes les grandes lignes.

Les transports par bateaux sur la Sprée sont également très importants, et, en outre, plusieurs canaux ont
été construits pour les faciliter.

Léon Bois.

Les Cultures d'Erfurth.

Erfurth est, en été, une ville fleurie ; toutes les fenêtres sont ornées de plantes molles de toutes espèces.
Elle offre, dans son intérieur, vingt petits squares qui
sont bien entretenus, quoique leur plantation ne soit
pas irréprochable. Ces squares ont la forme d'un triangle

légèrement arrondi au sommet; ils sont composés d'une pelouse et plantés de petits arbres et arbustes à chaque extrémité; dans les pelouses, quelques conifères sont jetés et plantés isolés : les Pirus japonica, Tilia argentea. Ribes sangineum, Viburnum opulus, Tamarix africana, Rhus Catalpa, Robinia pyramidalis dominent; les plantes molles y font absolument défaut.

La principale promenade de la ville est formée par les glacis, ornés de grandes corbeilles de rosiers. de rhododendrons : quelques parties gazonnées bien entretenue, avec des arbres taillés. servent aux bals champêtres pendant la belle saison.

Les Établissements horticoles.

Le personnel des établissements horticoles est composé, pour les deux cinquièmes, de femmes, qui sont employées pour les repiquages et le nettoyage des plantes.

Ces femmes gagnent 6 marks 50 par semaine (8 fr. 25).

En outre, dans l'établissement J.-C. Schmidt, le plus grand de la ville, qui occupe à cette époque plus de six. cents ouvriers. cent de ces femmes ne sont employées qu'à faire des bouquets.

Cet établissement possède environ 2 hectares de terrain plantés en rosiers francs de pied, qui ne sont destinés qu'à la confection de ces bouquets. La plus grande partie en est expédiée en Angleterre. en Russie et dans toute l'Allemagne. Le prix moyen d'un de ces bouquets est de 10 francs.

A cette époque, dans tous les établissements, les serres sont garnies de Gloxinia et de Bégonia à grandes fleurs, plantes qui sont pour l'horticulture d'un grand rapport.

Les semis se font au mois de février, dans les terrines en serre, à une température de 20° à 25°; quand les jeunes plantes ont donné quatre feuilles, on les repique dans de petites boites et on continue ces repiquages trois ou quatre fois, en les distançant de plus en plus.

Les plantes qui sont destinées pour la graine subissent deux rempotages; le dernier de ces rempotages se fait dans des pots de 0ᵐ,16 de diamètre, à raison de quatorze pots par mètre carré. On les soumet à de nombreux bassinages et on est forcé de nettoyer souvent le dessus de la terre, qui se couvre rapidement d'une grande quantité de mousse.

Une grande partie de ces plantes reste dans les boites jusqu'au mois de juin. Les Gloxinia sont ensuite rempotés dans des godets de 0ᵐ,07 de diamètre et mis sous châssis,

Les Bégonias à grandes fleurs sont placés en pleine terre à 0ᵐ,15 de distance; ces plantes ne sont cultivées que pour leurs bulbes.

Voici quel est le mélange employé pour les semis et les premiers repiquages de ces plantes : moitié de terre légère de Belgique, un quart de sable et un quart de *torphe moulte* (terre très légère, jaunâtre, récoltée dans les régions incultes de l'Allemagne). A chaque repiquage, on diminue la quantité de ces deux dernières sortes de terre. Dans le dernier rempotage des Gloxinia, on emploie trois quarts de terre de Belgique et un quart de sable et de cornes d'animaux en poudre mélangés ; pour les Bégonia, quatre dixièmes de terre de Belgique, moitié de terreau de fumier et un dixième de sable. Le prix de ces terres est à peu près le suivant : le mètre cube de terre de Belgique vaut 16 francs ; celui de sable, 11 francs; le *torphe moulte* se vend 6 francs les 100 kilos; la corne d'animaux, 3 francs.

Ces plantes sont principalement expédiées, les graines en Angleterre, en Russie et en Autriche, les bulbes en France et en Amérique ; les petits horticulteurs produisent des graines et les revendent à d'autres qui en ont le débit. Le paquet de trois cents graines est vendu 0 fr. 40 le gramme; 9 francs, les nouvelles variétés; par paquet de 200 graines, 0 fr. 60; les bulbes sont vendues à raison de 1, 2, 3 marks (1 fr. 25, 2 fr. 50, 3 fr. 75), selon l'âge et la variété. Les horticulteurs font aussi un grand nombre de Cheiranthus. Ces plantes sont semées sous châssis au commencément d'avril; au mois de mai. on les repique à sept par pot de 0ᵐ,18 de diamètre, qu'on place sur des gradins ou sur trois planches superposées. espacées d'environ 1 mètre, recouvert d'un toit de tuiles ou de papier goudronné. destiné à abriter les plantes contre les intempéries. Le paquet de cent grammes vaut environ 0 fr. 25.

Les clématites se cultivent aussi en grand nombre, surtout chez M. Heinemann, qui en possède plus de cent cinquante variétés; on les multiplie par la greffe en fente ou en placage (suivant la force de l'œil que l'on greffe) sur des bouts de racines de 0ᵐ,07 à 0ᵐ,08 d'une climatite simple. Les deux espèces les plus employées à ce sujet sont les Viticella et Vitalba. Ces greffes sont ensuite rempotées en godets de 0ᵐ,04 de diamètre, dans une terre très légère; la racine est tournée dans le pot, de manière que la greffe soit au bord; pour la préserver de l'humidité, on les met alors sous châssis dans une serre à une température de 20° à 25°. Dans ces châssis, tous les 0ᵐ,20, est placé un pot vide qui sert à mouiller la couche de mâchefer placé sous ces plantes,

On greffe toute l'année et on conserve en serre un grand nombre de vieux pieds. Parmi les principales variétés remarquables par la grandeur et le beau coloris de leurs fleurs, je citerai. avec le prix, la Viticella rubra grandiflora, 2 francs le pied; la Venosa grandiflora. 3 fr. 75; la Jackmani rubro violacea, 1 fr. 50; l'Erecta hybrida, 3 fr. 50.

Un grand nombre de variétés ont été obtenues dans l'établissement et portent des noms allemands.

Les horticulteurs expédient, en outre, beaucoup de plantes molles et aquatiques, d'arbres et d'arbustes de toutes espèces. Les arbres fruitiers sont achetés en grand nombre dans les pépinières d'Angers; les arbres d'ornement, dans les environs de Berlin. Les arbres expédiés sont des greffes de deux et trois ans, et beaucoup de poiriers sont conduits en spirale.

Bon nombre de plantes, qui passent l'hiver dehors dans notre pays, ne peuvent pas supporter le climat de l'Allemagne. Pour y remédier, des bâches sont construites avec des tiges de petits sapins sur deux rangs, espacés de $0^m,20$; dans cet espace, on accumule des résidus de fourneaux qui garantissent très bien les plantes contre la gelée.

Les Champs.

Le sol d'Erfurth est composé d'une terre argileuse très compacte, contenant une petite quantité de silice et de calcaire ; aussi les binages doivent y être très fréquents. Les deux engrais employés pour les fumiers sont : le fumier de cheval et les cornes d'animaux ; on emploie aussi beaucoup les vidanges ; celles de la ville sont achetées par les horticulteurs.

Le labour, qui est fait à la charrue, n'est pratiqué qu'à mesure que l'on a besoin de terrain : les repiquages commencent vers le 15 mai, les planches ont en moyenne 2 mètres de large et les plantes sont repiquées de $0^m.25$ à $0^m.30$ en tous sens. Les semis se font à froid, sous châssis, au commencement d'avril, ou bien en serre, au mois de février, et les plantes repiquées deux fois dans des petites boîtes, où elles attendent le beau temps favorable à la transplantation. Les plantes que l'on produit le plus de cette façon sont : les Lobélia et les Verbena. Les légumes sont faits en grand nombre, les uns pour leurs graines, les autres pour la nourriture ; au point de vue de la graine, je citerai le chou-fleur que l'on repique sur des planches élevées au-dessus du sentier de 0^m,30 à 0^m,40 sur 10 mètres de largeur entre chaque planche ; dans les sentiers, qui ont 2 mètres de large, coule un petit ruisseau qui sert à l'arrosage dans les moments de sécheresse, au moyen de larges et longues pelles en bois qui ont presque la forme d'une écoppe.

Le cresson est cultivé en très grande quantité pour la nourriture : des ruisseaux de 4 mètres de large, alimentés par la Géra, rivière qui traverse la ville, en sont complètement garnis. Presque tout est expédié en Angleterre. Les charrues sont très légères, leur soc n'a que 0^m,30 de longueur : la binette dont on se sert a avec sa douille, 0^m,30 de longueur sur 0^m,10 de largeur, et imite celui d'une cognée : les rateaux (hersoirs), avec leurs dents très grosses espacées de 0^m,08 les unes des autres ; les plantoirs sont tous ferrés et terminés par un morceau de bois rond inséré transversalement.

Quelques horticulteurs ont dans leurs champs des tonneaux mis en terre, alimentés par les eaux de la ville ; d'autres se servent, pour le transport de l'eau destinée à l'arrosage, de tonneaux montés sur quatre roues contenant de 1.000 à 1.200 litres d'eau.

La Température.

La température est très variable dans ce pays, les orages y sont fréquents, ainsi que la grêle. Cette dernière cause de grands ravages dans les établissements. Aussi les horticulteurs sont-ils tous assurés, pour leurs serres et leurs châssis, sur le pied de 1 fr. 25 par mille carreaux. Pendant mon séjour, il en est tombé deux fois. le 27 mai et le 2 juin.

L'établissement Haage et Schmidt a eu quatre mille cinq cents carreaux cassés ; celui de J. C. Schmidt, quatre mille deux cents. L'assurance ne paie que le prix d'achat des carreaux. La grêle a, au mois de mai dernier, à 70 kilomètres à l'est d'Erfurth, détruit toutes les récoltes de trois villages ; plusieurs hommes ont été tués, ainsi qu'un grand nombre d'animaux. Vous trouverez dans le tableau suivant la moyenne et le minimum de la température des mois d'avril, mai et juin.

	Maximum	Moyenne.	Minimum.
Avril	18°	10°	0°
Mai	24°	14°	0°
Juin	20°	12°	6°

Avant de terminer mon rapport, je vous parlerai de la petite ville de Gotha, située au sud-est d'Erfurth, à 27 kilomètres. Elle ne compte que 200,00 habitants, mais elle est remarquable par son château et le parc de l'ancien domaine ducal, qui sert maintenant de promenade publique.

Elle a 5 hectares d'étendue et est assez bien entretenue. De grandes pelouses sont entourées de charmilles taillées à 1^m,50 de hauteur, avec quelques conifères âgés qui y sont jetés de place en place.

Le parc renferme aussi deux grandes orangeries qui se font face et ont chacune 100 mètres de longueur. 25 de largeur et 10 de hauteur.

Les orangers et les lauriers qu'elles contiennent sont au nombre de trois cent cinquante individus ; les orangers sont très vieux et leurs têtes n'ont pas moins de 3 mètres de diamètre.

Les plates-bandes des pelouses placées entre ces deux orangeries sont plantées en rosiers tiges et en plantes molles de toutes espèces, qui produisent un effet ravissant.

JULES LACAILLE.

Octobre 1886.

Institutions ouvrières.

Dans cette ville, presque tous les ouvriers se groupent en Sociétés amicales ou groupes amicaux, Il y en a plus de quarante dans la ville.

Ces Sociétés ne sont pas précisément des Sociétés de secours mutuels, car ce sont les patrons qui se chargent de porter secours à l'ouvrier en cas de maladie, d'après un versement que celui-ci fait.

Le versement est de 0 fr. 50 par mois, et le produit des cotisations sert à donner des bals et des banquets à différentes époques de l'année.

Je vous parlerai seulement des groupes des ouvriers jardiniers, dans lesquels le produit des cotisations sert à payer, en été, les frais d'excursions lointaines faites par les Sociétés. Les chemins de fer délivrent des billets d'aller et retour tous les dimanches, pendant la belle saison, avec un bénéfice de 50 0/0 pour le voyageur.

Ces groupes d'ouvriers jardiniers sont au nombre de cinq dans la ville ; ils possèdent tous un professeur de botanique, qui est ordinairement un jardinier en chef d'un établissement important.

Les cours de botanique se font tous les quinze jours dans la belle saison ; en outre de ceux-ci, il y a des réunions tous les samedis, dans lesquelles on traite de différents genres de travaux, des nouveautés obtenues et d'une foule de choses instructives qui concernent la profession.

Dans ces cinq Sociétés, qui comptent plus de trois mille membres, tous sont exacts aux réunions et aux cours. Dans la ville, il y a environ huit mille jardiniers.

La Température.

La température a été cette année tout à fait au détriment de l'agriculture et de l'horticulture ; les céréales ne sont venues qu'à une hauteur de 0^m,80 à 1 mètre ; tandis que, dans les bonnes années, elles atteignent de 1^m,40 à 2 mètres.

Les plantes cultivées dans les champs, pour leurs graines, ont péri à cause de trois mois de mauvais temps.

La perte évaluée par les horticulteurs est de trois cinquièmes en comparaison des années fertiles. Le mois de juillet a été encore pire que le mois précédent, le thermomètre est descendu dans la nuit jusqu'à 6°. La moyenne de la température pendant ce mois, dans la journée, était de 10° à 12° au-dessus de zéro. Le mois d'août et la première quinzaine de septembre ont été, en revanche, très chauds; pas une goutte d'eau n'est tombée. La température du mois d'août doit être évaluée : minimum, 12°; moyenne, 18°; maximum, 28°. Pendant la première quinzaine de septembre : minimum, 10°; moyenne, 17°; maximum, 25°. Le 16 septembre, un mouvement brusque a eu lieu et le thermomètre est descendu dans les champs à 2°.

La récolte des graines est à peine commencée, je ne vous en parlerai que dans mon prochain numéro.

Cultures spéciales (Bégonia, Gloxinia, etc.)

Les plus grands grainetiers de Paris se fournissent à Erfurth de graines et de bulbes des plantes que je viens de citer. Malgré les trois mois de température humide et froide qui leur ont beaucoup nui. la récolte des graines est déjà aux trois quarts terminée et assez abondante.

Les plantes sont fécondées régulièrement tous les jours pendant leur floraison ; le moment choisi pour cela est celui où le soleil brille. Ces plantes livrées à la fécondation sont divisées en trois catégories : l'une nommée extra, comprend des plantes à très grandes fleurs, à pédoncules très forts, de beau coloris, et enfin celles dont les pétales forment un rond régulier (les bulbes et les graines de cette qualité sont gardés par l'horticulteur pour servir à la reproduction l'année suivante) ; une autre, nommée première qualité, est choisie parmi les grandes fleurs ; les autres individus forment la deuxième qualité.

Chaque plante reçoit son étiquette notant la couleur de sa fleur et sa qualité. Cette précaution est prise pour les Bégonia hybrida grandiflora, qui sont des semis de l'année variant de couleur pour plus de la moitié.

Chaque couleur et chaque qualité a son pinceau pour la fécondation ; chacune de ces deux espèces de plantes rapporte en moyenne 1 gramme de bonnes graines.

Le prix de ces plantes est augmenté cette année d'un huitième environ. Ainsi un bulbe de ces deux plantes (semis de l'année) est vendu 1 fr. 25 ; de deux ans, . 2 fr. 25 ; les nouveautés, 3 et 4 francs. Cette année, il n'y a eu à Erfurth. dans ces deux plantes, aucun gain nouveau.

Cultures de Gotha et de Weimar.

A propos d'une exposition qui a eu lieu à Gotha, je ne vous parlerai que de l'organisation. Les lots apportés par six grands horticulteurs n'étaient formés que de plantes communes. Elle était située dans les salles et le jardin d'un café. Dans une des premières, étaient exposées sur des tables des plantes de serres chaudes. des collections de Bégonia, Dracœna, Croton, Pandanus et Caladium à feuillages panachés; les marguerites d'automne servaient à un motif représentant les vingt-quatre croix de l'empereur d'Allemagne.

Dans une autre salle, était exposé un massif de palmiers présentant à l'œil un assez bel effet; dans le jardin, une cinquantaine de corbeilles étaient jetées sur les pelouses, mais les plantes qui les composaient étaient si communes que je ne crois pas utile de les citer.

La ville est aussi remarquable par son petit Jardin botanique, qui mesure 1 are et demi de superficie; quoi-qu'il soit d'étendue fort restreinte, la disposition, le classement et l'entretien sont irréprochables.

Les serres et les châssis occupent une superficie de 5,000 mètres carrés. Les premières sont au nombre de quatre, en plus un pavillon destiné aux palmiers: les châssis sont au nombre de cent cinquante, sauf le pavillon qui présente 20 mètres de long, 12 de large et 6 de hauteur. Les serres sont de forme hollandaise, longues de 30 mètres et destinées à recevoir les collections de plantes que l'on sort pendant l'été.

Le Jardin botanique possède une jolie mais petite collection de plantes et d'arbustes vraiment bien classée; chaque famille a son carré. Une partie, ombrée artificiellement au moyen de perches, dans une des extrémités du jardin. à des hauteurs différentes, est destinée à recevoir les fougères pendant l'été (il y a aussi une jolie collection de ces plantes de pleine terre), les palmiers et autres plantes aimant la demi-ombre. A une autre extrémité, sont plantés et classés, des arbustes d'ornement et des conifères.

Mon collègue vous a déjà, dans un de ses rapports, parlé longuement du jardin de Berlin; aussi ne vous parlerai-je pas plus longtemps des collections de celui

4

de Gotha. Mais je tenais à vous faire connaître qu'il a été créé de toutes pièces par les principaux bourgeois de la ville, qui souscrivent entre eux un budget qu'ils envoient tous les ans au maire pour subvenir à l'entretien du Jardin botanique. Cette création est appréciée par les habitants de cette petite ville qui ne cessent, pendant la belle saison, de le visiter assidûment.

J'ai aussi à vous parler d'une autre ville, non moins intéressante par son château, son marché, ses jardins publics. Weimar, peuplé de 50,000 habitants, est entouré de bois de sapins qui servent à entretenir la ville d'Erfurth de planches pour la construction des caisses employées à l'emballage des plantes et des graines. A 5 kilomètres de la ville, s'élève le château du Belvédère, situé sur un côteau élevé, sans aucune grandeur architecturale; il est remarquable par son parc, qui comprend 3 hectares de superficie, dont 1 are est entièrement planté en charmilles de 4 à 5 mètres.

Au milieu de ce carré de charmilles est représenté, avec le même arbre, un théâtre de nature où les décors sont figurés en clématites de toutes couleurs; entre la scène et l'endroit réservé aux spectateurs s'élève un rang de fusains, d'une hauteur de $0^m,90$. La place des musiciens est figuré par un petit fossé creusé entre la scène et la haie de fusains. Au fond du théâtre sont placés, sur des piédestaux, les bustes des quatre jardiniers qui ont commencé la formation de ce chef-d'œuvre et l'ont mené à bonne fin. Le parc est encore remarquable par ses endroits accidentés, ses rocailles et ses cascades.

Le château possède une orangerie énorme, formant un carré dont les côtés sont longs de 100 mètres et larges de 35 mètres; la façade, surélevée de 6 mètres, est destinée à recevoir les plus grandes plantes. Les plantes qui y sont logées sont au nombre de cinq cent dix, dont cent quatre-vingts d'une hauteur de 4 à 12 mètres, et trois cent trente myrtes, hauts de 5 à 8 mètres, larges de 4 à 6, disposés en espaliers dans leurs caisses,

au moyen d'un treillage. Toutes ces plantes. quoique
déjà vieilles, sont encore bien portantes.

D'après les renseignements que j'ai pris, les plantes
de l'orangerie sont rempotées tous les ans, au nombre
de cent (ce qui fait qu'elles sont toutes changées de
terre tous les cinq ans). Ce rempotage se fait vers le
15 août, au moyen d'un échafaudage analogue à celui
qu'on emploie à Paris pour le montage des pierres de
taille; les caisses sont énormes, mais leur hauteur n'est
pas en rapport avec leurs autres dimensions, 2^m,20 de
longueur, 1^m,80 de largeur et 0^m,90 de hauteur.

Les plantes sont sorties de l'orangerie au moyen d'un
petit wagon qui est élevé du sol à une hauteur de 0^m,10.
Les plantes, en été, sont disposées en quatre carrés:
dans celui existant entre l'orangerie, très bien arrangé,
des plantes de toutes espèces sont placées, de manière à
cacher les caisses dans tout le parcours de l'allée de
ceinture et des deux allées transversales.

Le château possède encore un fleuriste assez important pour faire les plantes molles destinées à la plantation des nombreuses plates-bandes et corbeilles.

Le marché de la ville de Weimar est énorme ; il est
disposé en carrés de 200 mètres de côté, divisé en quatre
parties égales par deux cloisons vitrées et est élevé de
10 mètres. Une partie est destinée à la vente de toutes
espèces de comestibles, une autre à celle de l'orge,
une autre à celle du blé et, enfin, la dernière est réservée à l'horticulture. Cette partie est située au midi ;
elle est vitrée de ce côté et chauffée l'hiver au moyen
d'un thermosiphon, de manière que les horticulteurs
puissent laisser sur place leurs plantes non vendues
pour les jours suivants.

C'est dans les environs de cette ville que se font les
céréales qui servent à son alimentation et à celle de la
ville d'Erfurth, autour de laquelle il ne se fait presque
pas de cultures de ce genre.

La ville de Weimar possède aussi de beaux squares,

dont l'entretien est bien entendu ; les gazons sont renouvelés tous les quatre ou cinq ans ; l'un d'entre eux, situé au centre de la ville, est remarquable par les mosaïcultures, dont le jardin est couvert, représentant en partie les croix impériales et des dessins de toutes espèces.

Jules Lacaille.

Erfurth, le 1er janvier 1887.

L'Empire d'Allemagne.

Cette puissance, située au centre de l'Europe, s'est formée, depuis 1871, par la réunion du royaume de Prusse et des provinces d'Alsace et de Lorraine à l'Allemagne proprement dite. Elle a à sa tête, comme son nom l'indique, un empereur. Il existe aussi, comme en France, une Chambre qui est nommée par le suffrage universel.

L'Allemagne compte aujourd'hui 44 millions d'habitants ; mais, au contraire de la France, la pauvreté y règne en souveraine. Depuis une dizaine d'années, sa capitale et ses villes importantes se sont embellies de monuments, de routes, de canaux, de chemins de fer, qui abondent sur tous les points de son territoire, aux dépens, bien entendu, de l'argent de la rançon. Les constructions, en Allemagne, sont faites en briques, avec une légèreté sans pareille ; l'extérieur est recouvert de plâtre plus ou moins ornementé. Les principales richesses de l'Allemagne sont les bois, les minerais, les pâturages et les bestiaux (les chevaux particulièrement).

Ne sachant pas exactement les chiffres comparatifs entre l'importation et l'exportation de l'Allemagne et de notre pays, je ne voudrais pas vous induire en erreur ; je me contenterai de vous énumérer les différents produits et matières expédiées de France en Allemagne et d'Allemagne en France.

La France fait un commerce considérable avec l'Allemagne des matières suivantes : la soie, les merceries, les lainages préparés, la lingerie, les glaces, les cristaux, les graines agricoles, les fleurs coupées, telles que les roses de Nice, le lilas forcé, les primeurs de toutes espèces, le vin et un grand nombre d'outils qui sont des inventions françaises.

L'Allemagne expédie en France les produits suivants : la laine, le bois, le noir animal, la houille, le fer, le zinc, les chevaux et bestiaux, le houblon, des bulbes et graines à fleurs.

Remarque à faire. — L'Allemagne nous expédie de la laine, nous la préparons pour la lui renvoyer en grande partie sous différentes formes ; quant à la houille, qui est une des plus grandes richesses de l'Allemagne, la France consomme dans son territoire à peu près ce qu'elle en extrait chaque année ; trois puissances lui fournissent le reste, l'Angleterre, la Belgique et l'Allemagne qui vient en dernier lieu.

Le commerce intérieur y est favorisé, car les transports coûtent moins cher qu'en France. Les chemins de fer, qui tous appartiennent à l'État, possèdent des wagons de quatrième classe dans le centre de l'Allemagne, offrant aux voyageurs un bénéfice de 45 0/0.

L'horticulture est très développée et favorisée, grâce à des villes purement horticoles, où des collections de plantes rares, bien cultivées, procurent la richesse ; la partie la plus productive, au point de vue agricole, se trouve dans le sud et le centre, mais chaque été les récoltes courent le danger d'être détruites par la grêle.

Quant au sol, en Allemagne, il se divise en deux catégories : le sol du nord (sol prussien) et le sol du sud.

Le premier est sableux et contient dans son intérieur des couches glaiseuses, où existe la plus grande quantité de forêts de sapins, qui atteignent des dimensions énormes et constituent la deuxième richesse de ce pays. Dans le second, les arbres croissent admirablement ; on y récolte aussi du raisin, avec lequel on fait un petit vin gris excellent.

Les arbres fruitiers ne sont pas dirigés comme en France ; j'ai cependant vu, dans le sud de l'Allemagne, des formes d'arbres, mais, en général, très mal conduites. Il faut ajouter qu'en Allemagne, l'arboriculture fruitière n'est pas aussi développée que dans notre pays.

Mœurs et Habitudes allemandes.

En mettant ce titre, il ne faut pas croire que je vais vous tracer à fond les mœurs et habitudes allemandes : bien des raisons délicates m'en empêchent ; mais je vous dirai cependant quelques mots en employant la plus grande réserve. J'ai pu me rendre compte bien souvent de la petitesse de caractère de l'Allemand, de son goût honteux pour la flatterie, qui le portent à subir sans relever la tête les traitements de ses supérieurs, dont il est toujours disposé à lécher la botte. On croirait que ce peuple sort (je ne voudrais pas dire du néant), mais d'un esclavage qui a duré plusieurs siècles. L'Allemand, à plus forte raison, n'est pas inventeur ; il est bien facile de s'en rendre compte ; il suffit de se reporter aux guerres de religion, à l'exécrable révocation de l'édit de Nantes qui, exilant des milliers de Français industrieux (Oberkampf et tant d'autres), contribuèrent à emporter de notre pays certaines industries qui en faisaient la gloire. Ces industries se sont développées en Prusse, dans les pays allemands, qui servirent de refuge aux malheureux *bannis*, et, avec eux, s'y est réfugiée une partie de notre richesse nationale.

La femme, en Allemagne, est l'esclave de l'homme; j'ai pu le remarquer dans les établissements horticoles. Ce sont elles qui font les transports de toutes espèces, tous les travaux fatigants qui ne conviennent pas à leur sexe; ce n'est pas, je le suppose, une preuve de civilisation bien avancée.

La religion joue aussi un grand rôle, au point de vue des mœurs; une haine mal cachée existe entre les protestants et les catholiques, les premiers sont d'abord beaucoup plus nombreux et constituent environ les trois quarts de la population. Les journées de travail, dans toutes les corporations, sont de douze heures; le gain de l'ouvrier est de 2 fr. 50 à 3 francs par jour, ce qui fait de 0 fr. 20 à 0 fr. 25 l'heure. L'ouvrier ne travaille pas le dimanche. L'ouvrier allemand fait cinq repas par jour; il se contente d'une nourriture peu confortable, mais il boit, en revanche, beaucoup d'eau-de-vie qui constitue, avec le café, sa boisson favorite. Il n'est pas rare de voir, du matin au soir, dans les rues, des ouvriers s'arrêter pour boire tous ensemble une bouteilel d'eau-de-vie que l'un d'eux possède. Un ouvrier boit, en moyenne, un demi-litre d'eau-de-vie de pommes de terre par jour.

L'ouvrier allemand travaille autant de temps que l'ouvrier français, il prend plus de nourriture, mais elle est moins confortable que celle que prend ce dernier; mais il n'est pas à comparer à l'ouvrier français, car il est abruti par la boisson et travaille avec une lenteur plus que remarquable.

Quant à l'économie que peut faire l'ouvrier allemand, elle n'est rien à proportion de celle que peut faire l'ouvrier français ; je dirais même qu'il est impossible qu'il en fasse, pour les raisons que voici : d'abord il gagne peu, puis il est chargé de famille (il n'est pas rare de trouver des familles composées de six à dix-huit enfants). L'Allemand, de son naturel, est très intéressé ; quant à ses enfants, il s'en occupe peu. Ils sont, en général, mauvais parents, et leur petite famille grandit dans la misère.

Voici quels sont les prix de la nourriture que l'ouvrier consomme pour sa subsistance :

Le pain d'orge, 0 fr. 20 le kilo ; le pain demi-blanc, 0 fr. 25 ; les pommes de terre, 0 fr. 75 le décalitre ; le jambon, lard et saucissons de toutes espèces, 2 francs le kilo ; les œufs, 0 fr. 75 la douzaine ; le sucre, 1 fr. le kilo ; le café, 2 fr. le kilo ; la bière simple, 0 fr. 18 le litre ; l'eau-de-vie, 0 fr. 50 le litre.

Les loyers ouvriers sont chers ; ainsi des logements, composés de deux pièces, valent de 110 à 130 francs par an.

Administration municipale.

Les villes, en Allemagne, sont administrées comme en France par un conseil municipal. Un ouvrier gagnant plus de 500 marks par an (725 francs) paie un impôt de 7 fr. 50 ; plus l'ouvrier gagne, plus il paie d'impôt. La classe noble et la bourgeoisie paient impôt suivant le chiffre de leur fortune ; cet impôt, qui est obligatoire, est prélevé pour l'entretien de la ville (impôt de la ville). Je dois ajouter que, malgré cet impôt considérable, les villes laissent fort à désirer au point de vue hygiénique.

Les Sociétés ouvrières en Allemagne.

Comme je vous ai dit dans mes derniers rapports, les Sociétés de secours mutuels sont très répandues en Allemagne ; outre celles qui sont administrées par les patrons, il en est d'autres qui sont purement ouvrières. Presque toutes les corporations possèdent la leur ; mais, avant de vous parler de ces dernières, je vais encore vous entretenir de celles qu'ont formées les patrons, pour vous faire voir la différence qui existe entre une Société dirigée par les patrons et une autre purement ouvrière. C'est en 1883 que MM. J. C. Schmidt ont fondé la leur. Le personnel de l'établissement est composé en grande partie de passagers, le nombre des sociétaires inscrits dépasse le chiffre de cent cinquante par an, le prix d'entrée est de 0 fr. 60, le prix de cotisation est de 2 pfennigs par mark ; cela fait que l'ouvrier gagnant 10 marks par semaine (12 fr. 50), paie 20 pfennigs (vingt-cinq centimes). Ce même ouvrier étant malade touche 8 marks (10 francs) par semaine de maladie (médecins et médicaments compris) ; l'ouvrier gagnant plus paie plus à la Société, et naturellement touche plus par semaine de maladie.

Vous voyez que, depuis que cette Société existe, il y a déjà pas mal d'argent en caisse ; personne n'en sait le chiffre, et le patron fait multiplier à son profit l'argent appartenant aux ouvriers. Le patron retient chaque semaine à l'ouvrier le prix de la cotisation pendant le courant de celle-ci ; en plus de cela, j'ai remarqué que les patrons faisaient des difficultés aux ouvriers pour leur solder leur temps de maladie.

Presque toutes les corporations possèdent leurs Sociétés que je qualifierai du nom de nationales allemandes. Ces Sociétés étant toutes dirigées de la même manière, je prendrai la nôtre comme modèle. Cette Société, qui prend le nom de Gærtner Kranken Kassen (Caisse des Jardiniers malades), a son siège social à Hambourg. Dans les autres villes d'Allemagne où la Société est installée, il y a un autre siège, qui, lui se trouve sous la domination du siège social. Cette Société est formée depuis 1822 et compte déjà plus de six mille membres.

Hambourg a été choisi pour le siège principal, car c'est la ville la plus horticole d'Allemagne. Dans les villes où est installée la Société, le bureau est nommé par les sociétaires du lieu; il se compose de six membres et, en plus, d'un contrôleur chargé de visiter les sociétaires malades et de signer toutes les semaines les feuilles de maladie. Le prix d'entrée dans ces Sociétés est de 1 mark (1 fr. 25) et le prix des cotisations de 1 autre mark par mois.

Le sociétaire malade touche la somme de 14 marks (17 fr. 50) par semaine, jusqu'à concurrence de dix. L'ouvrier malade possède une feuille de maladie valable pour une semaine, portant son nom et son adresse, le règlement en abrégé de la Société; deux lignes sont destinées au docteur qui soigne le malade : sur la première il doit indiquer le jour où la maladie se déclare et son diagnostic, l'autre ligne reste en blanc jusqu'à ce que le docteur déclare capable de travailler l'ouvrier, qui ne peut le faire sans y être autorisé, faute de quoi il est exclu de la Société.

Tous les ans des délégués sont nommés aux différents sièges, afin d'aller vérifier les livres et autres affaires intéressant la Société, au siège social : le voyage et les frais de ces délégués sont naturellement payés par la Société.

Il y a dans tous les sièges des réunions générales tous les mois et, une ou deux fois par an, le siège principal envoie dans les autres sièges le compte rendu de la

Société entière, après vérification des délégués. Les trésoriers envoient tous les mois, au siège principal, le montant des recettes ; ils ne gardent en leur possession qu'une certaine somme qui sert à subvenir aux besoins des malades du lieu. Cette Société est actuellement très riche.

Il est donc bien préférable de faire partie d'une Société purement ouvrière, où l'on trouve réunis tous les principes indispensables à la marche du progrès.

La Récolte des graines.

Je n'ai pu, dans mon dernier rapport, vous parler de la récolte des graines, qui était à peine commencée à la fin de septembre.

Pendant les mois de mai, juin et juillet, qui ont été très défavorables à la végétation des plantes, les horticulteurs ne comptaient guère sur la récolte des graines ; du 20 juillet jusqu'au 15 septembre, il a fait une chaleur torride, ce qui a permis aux plantes de fleurir.

Au 15 août, les champs étaient admirables ; des millions de plantes annuelles, artistement disposées suivant leur hauteur, leurs espèces et la couleur de leurs fleurs, présentaient un coup d'œil admirable, rappelant un vaste jardin multicolore, dont les tapis naturels s'étendaient à perte de vue.

Au 15 septembre, la température est redevenue froide et humide ; les fleurs étaient à peine passées ; la plus grande partie des graines ont été récoltées toutes vertes et mises dans les serres ou dans les graineries pour continuer leur maturité, ce qui a généralement assez bien réussi. Le poids des graines récoltées cette année est environ les deux tiers de celui de l'année précédente.

Pendant la floraison des plantes, les champs d'Erfuth sont continuellement visités par des amateurs de tous les pays; les horticulteurs sont fiers de changer chaque année la disposition de leurs plantations.

Les Plantes et les Fleurs teintes.

On ne fait pas seulement, à Erfurth, des plantes destinées à la récolte des graines, mais encore une grande quantité de graminées et d'Hélichrysum qui doivent subir l'opération de la teinture. Dans les serres, les palmiers sont cultivés en grand nombre pour leurs feuilles.

C'est l'établissement de MM. J. C. Schmidt (le plus grand de la ville) qui s'occupe surtout de cette industrie : celle-ci est colossale. Cent ouvriers y sont occupés constamment, une énorme chaudière sert à fournir d'eau chaude tous les baquets et cuves contenant les teintures et le chlore. Toutes les graminées sont passées à l'eau chlorée, afin de les rendre blanches comme la neige, puis elles sont exposées dans un séchoir artificiel ; ensuite on les trempe dans les diverses teintures, suivant la couleur qu'on veut leur donner ; pour sécher les feuilles ou fleurs avant de les teindre, on les met dans une espèce de cuve ou plutôt de vase cylindrique en cuivre, ayant $1^m,50$ de diamètre sur 2 mètres de hauteur, percé de toutes parts de trous ayant $0^m,01$ de diamètre. Une fois que les produits à sécher sont dedans, on adapte une courroie et le vase tourne avec une grande rapidité ; dans toutes les parties du vase arrive un courant d'air chaud ou plutôt tiède, qui est donné par un calorifère. Quand les plantes ont été passées à la teinture, on les fait sécher sur des cordes dans un séchoir ; les fleurs sont étendues sur des claies.

Cet établissement fait un commerce important de ces

fleurs séchées artificiellement. Des milliers de feuilles de palmiers sont achetées en Italie pour être soumises à la dorure ou à l'argenture.

La ville de Francfort-sur-le-Mein est une des plus commerçantes de l'Allemagne ; quoique beaucoup plus petite que Berlin (300,000 habitants), elle est bien plus belle et surtout plus luxueuse ; les curiosités y sont également plus nombreuses que dans la capitale.

Parmi ses monuments les plus remarquables, je citerai une gare qui n'est pas encore finie, mais dont on peut déjà apprécier la grandeur ; une fois achevée, elle sera certainement unique dans le monde entier.

La plus belle gare de Paris n'est rien en comparaison de celle de Francfort-sur-le-Mein; elle présente 200 mètres de longueur, 20 mètres de hauteur et 100 mètres de largeur. Le second monument est le Palmen Garten (le jardin des palmiers) ; c'est une serre colossale qui mesure 50 mètres de long, 40 de large et 22 de haut. Une quarantaine de grandes plantes forment toute son ornementation ; dans un bout de la serre, un rocher haut de 7 mètres, tenant toute sa largeur, est orné de plantes de toutes espèces. Une seule allée de 2^m,50 de large circule autour d'une grande pelouse centrale, qui est, ainsi que les plates-bandes de chaque côté, plantée en selaginelles. Parmi les palmiers et les autres plantes, un Cibotium (fougère), portant des feuilles de 3 mètres de long; un Cyathea princeps, avec des fleurs de 2^m,50 ; un Livistonia australis, de 15 mètres de hauteur; un Phœnix farinifera, de 17 mètres; un Sabal Blackburniana, ayant vingt-et-une feuilles et couvrant une surface de 36 mètres carrés ; un Bambusa arundi nacea de 10 mètres de hauteur, etc.

Cette serre aux palmiers est renfermée dans un parc d'une superficie de 10 ares. Ce parc renferme, en outre, dix serres, où se font les plantes destinées à l'ornementation pendant l'été ; sur les côtés de la serre aux palmiers, en est adossée une autre de 5 mètres de hauteur.

où se tient une exposition continuelle de plantes fleuries. Le parc est bien entretenu: il n'est pas public. Le prix d'entrée est de 1 fr. 25.

La Température.

Pendant le mois d'octobre, le temps a été très sec; la moyenne de la température a été de 2°.

La première quinzaine de novembre a été également sèche; pendant la dernière quinzaine de ce mois, ainsi que pendant le mois de décembre, le temps a été couvert; cependant il n'est tombé qu'une petite quantité de neige. La moyenne de la température du mois de novembre était de 3° 1/2, celle de décembre de 5°.

J. LACAILLE.

Paris. — Imprimerie Nouvelle (association ouvrière), 11, rue Cadet. — 1788-7.
R. Barré, directeur.